101

COSAS QUE DEBERÍAS SABER SOBRE LOS

CIRCUITOS DE CARRERAS

Flying Frog Publishing

© 2016 SUSAETA EDICIONES, S.A.
This edition published by
Flying Frog Publishing
Lutherville, MD 21093
Made in India.

101

COSAS QUE DEBERÍAS SABER SOBRE LOS

CIRCUITOS DE CARRERAS

Contenido

Quiero ser piloto 6

La Fórmula 1 8

Rallies 12

Motociclismo 16

Los Monster Trucks 20

Circuito Nascar 24

Circuitos de quads 28

Carreras de camiones 30

Motos de campo 32

Circuitos de 4x4 36

Powerboats 40

Regatas de vela 44

Quiero ser piloto

1 Trabajo y sacrificio

Aunque pueda parecer que la profesión de piloto es emocionante y divertida, detrás de la alta competición hay horas y horas de entrenamiento intenso y continuo. Por eso, además de talento, es necesario sentir una gran pasión y amor por el deporte y tener muchísima fuerza de voluntad.

2 Un mundo carísimo

Desgraciadamente, no vale solo con tener talento y disposición… El mundo de las carreras de vehículos requiere, fundamentalmente, una fuerte inversión durante los años de formación inicial; es una pena, pues son pocas las familias que pueden ofrecérsela a sus hijos.

3 Sin motor, más accesible

El deporte de carreras más accesible es el ciclismo, y además es el más extendido a nivel aficionado: existen clubes y peñas ciclistas casi en cualquier localidad. Bien es cierto que conlleva sus riesgos si se practica en carretera, pero es, con diferencia, uno de los deportes en vehículo más económicos.

4 Para llegar a la Fórmula 1...

Para llegar a ser un piloto de Fórmula 1, entre los 8 y los 14 años hay que participar en las carreras de karts. Más adelante se debe competir en la Fórmula Renault, o similar, y terminar en la Fórmula 3 y GP2 antes de llegar a la F1. Se estima que hay que desembolsar… ¡millones de dólares!

5 Profesiones de un piloto

Si no tiene la suerte de llegar a competir al más alto nivel, un piloto tiene otras salidas profesionales muy interesantes: piloto especialista para películas, piloto de exhibiciones, profesor en una academia de pilotos, probador de autos…

La Fórmula 1

6 La búsqueda de la velocidad

Desde que se inventó el automóvil en 1886, los fabricantes e ingenieros han conseguido crear modelos cada vez más veloces. ¡Tan solo unos años después ya se realizaban carreras en Francia donde los coches alcanzaban las 100 millas (160 km/h)!

7 Máxima tecnología

En la Fórmula 1 se desarrollan y prueban los sistemas más modernos de conducción y, normalmente, son adoptados después por los fabricantes para incorporarlos a los autos normales de la calle.

8 Volando con seguridad

La máxima velocidad alcanzada por un F1 en un circuito ronda las 211 millas (340 km/h); por eso se toman muchas precauciones para minimizar los accidentes. En las zonas peligrosas se colocan barreras de neumáticos y actualmente los circuitos están muy preparados para socorrer a los accidentados.

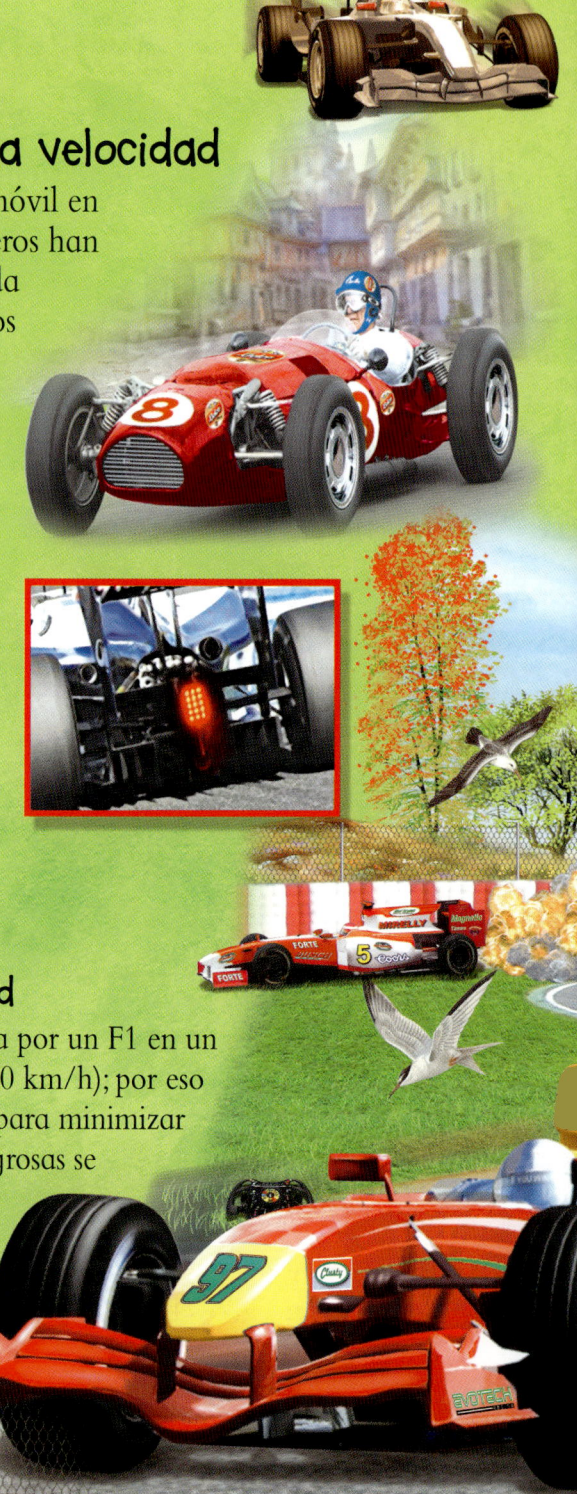

9 El Campeonato del Mundo

El primer Campeonato del Mundo de F1 se celebró en 1950. Poco a poco se fue ampliando el número de carreras y de equipos participantes y, sobre todo, se mejoró la seguridad. Hoy en día es el Campeonato del Mundo del motor más seguido internacionalmente.

10 El Gran Premio

Así se denomina a cada carrera del Campeonato del Mundo; en la actualidad se celebran entre 18 y 21 grandes premios repartidos por todo el planeta. Los 10 primeros en llegar a la meta puntúan, aunque el ganador consigue más puntuación que ninguno: 25 puntos.

11 Parada en boxes

Todos los circuitos tienen una zona de boxes donde cada equipo espera con más de 25 mecánicos para realizar el cambio de ruedas, repostar combustible o resolver cualquier contratiempo. ¡La rapidez es importantísima para no perder segundos y posiciones en la carrera!

12 Señales en carrera

En un Gran Premio pueden usarse varias señales. Las más usuales son la bandera amarilla, que indica que ha habido un accidente y que hay que extremar la precaución y no adelantar; y la bandera roja, que indica que por accidente o causas meteorológicas los autos deben abandonar el circuito y entrar en boxes.

El muro de neumáticos amortigua muchos de los impactos.

¿SABÍAS QUE...?
El peor accidente de la historia de la Fórmula 1 se llevó por delante la vida de 14 espectadores y del conductor al irrumpir el autos en las gradas.

13 Un gran auto

El secreto de un buen auto está en su diseño aerodinámico; para ello, el morro y los alerones son fundamentales. En el volante están todos los controles del auto: desde el cambio de marchas hasta las configuraciones específicas de conducción en lluvia o en seco. ¡Solo el volante puede llegar a costar 50,000 dólares!

14 Pilotos míticos

Fangio, Fittipaldi, Andretti, Piquet, Senna, Mansell, Prost, Schumacher, Alonso… Muchos pilotos han pasado por la Fórmula 1, pero solo unos cuantos perduran en la memoria. Se trata de auténticos aventureros de la velocidad que han estampado su sello en la Historia de este deporte.

15 Escuderías históricas

La Fórmula 1 moderna comienza en 1950. Ferrari es la escudería más representativa, ya que siempre ha estado en la parrilla. Alfa Romeo y Maserati también destacaron en esos tiempos, aunque luego fueron sustituidas por otras legendarias como McLaren, Williams, Renault y Lotus… La reciente Red Bull también merece un sitio en la lista por su impresionante trayectoria.

Rallies

16 Orígenes

Los rallies tienen su origen en las carreras a caballo y a pie que se realizaban por caminos sin asfaltar a finales del siglo XIX. Las primeras fueron carreras cortas, pero ya hacia 1950 las pruebas habían evolucionado e incorporaban varias etapas. En 1973 nació oficialmente el Campeonato del Mundo de Rally.

17 Contra viento y marea

A diferencia de la F1, los autos de rally son evoluciones de los modelos que se venden en el mercado y están preparados para competir bajo lluvia, nieve, niebla… Es, junto con la Fórmula 1, la categoría reina de las cuatro ruedas.

18 Ases del volante

Los pilotos de rallies son, probablemente, los más hábiles conductores del planeta ya que, aun sin contar con las medidas de seguridad de la F1, manejan sus autos al límite desafiando precipicios y obstáculos en el trayecto.

19 Copiloto indispensable

Antes de cada carrera los pilotos y copilotos recorren el trazado reconociendo el terreno y tomando notas que luego el copiloto usará como guía. Después, ya en carrera, le da al piloto la información del tramo que recorren mientras van a toda velocidad.

20 Tipos de superficie

En el Mundial hay rallies que se disputan sobre asfalto, tierra, nieve y hielo, pero también existen rallies independientes, como el París-Dakar, ¡en los que hay que atravesar desiertos enteros!

21 El Campeonato del Mundo

Se compone de 12 o 13 pruebas disputadas en diferentes países, que ofrecen un gran abanico de superficies y condiciones meteorológicas diferentes. Hay tantos países interesados en contar con su propio rally que muchas sedes van rotando de año en año para que todos puedan estar presentes en el Mundial.

22 Accidentes peligrosos

Algunos de los peligros más grandes de los rallies son los accidentes. Generalmente los autos se llevan al límite y son normales los percances. Los autos disponen de barras antivuelco y de muchos sistemas de seguridad, pero a veces atropellan al público menos cauto cuando se salen de la pista. ¡Los espectadores deben tener cuidado!

Barras antivuelco

23 A contrarreloj

¡Cada carrera es una auténtica batalla contra el crono! En cada tramo los autos salen, uno a uno, en intervalos de 1 minuto, y la suma de las pequeñas diferencias de tiempo entre ellos determina el ganador.

24 Escuderías míticas

Lancia, Subaru, Toyota y Audi marcaron época, y Mitsubishi, Ford, Renault y Opel las acompañaron dignamente… Pero es Citröen el equipo que ha dominado en todos los mundiales de la última década.

25 Pilotos históricos

El piloto Sébastien Loeb ha logrado con Citröen nada menos que ¡9 títulos consecutivos! ¡La mayor gesta hasta el momento!

Motociclismo

26 Una bicicleta modificada

La primera motocicleta la construyó un norteamericano en 1867… ¡pero su motor era a vapor, como el de los ferrocarriles antiguos! La primera que tuvo motor de combustión data de 1885, y contaba con un cuadro y cuatro ruedas de madera.

27 Evolución imparable

Con el paso del tiempo los diseños mecánicos y aerodinámicos han ido cambiando a velocidad de vértigo dando lugar a motos cada vez más rápidas y seguras de conducir. El Campeonato del Mundo surgió en 1949, tras 50 años de desarrollo en carreras individuales.

28 La seguridad máxima

La prioridad de cualquier carrera de velocidad es afianzar la seguridad de los pilotos y espectadores para evitar accidentes mortales en la medida de lo posible. Aun así, hasta ahora son 40 los pilotos que han encontrado la muerte en algún circuito del Mundial…

29 Todo un piloto

Un piloto del Mundial de Motociclismo dispone de un traje especial resistente a las rozaduras y al fuego, un casco con protecciones adicionales para la columna vertebral, unos guantes muy robustos y unas botas de gran resistencia. ¡Parecen astronautas!

¿SABÍAS QUE...?
La gasolina utilizada en los grandes premios se envía antes a un laboratorio suizo para su homologación.

30 Las «tumbadas»

Uno de los aspectos más sorprendentes de la forma de pilotar una moto de carreras es la manera en la que se toman las curvas. El piloto aprovecha la gran velocidad para inclinar la moto… ¡hasta el punto de tocar el asfalto con la rodilla! A esta técnica se la conoce como «tumbada».

31 Accidentes y caídas

Son muy frecuentes los percances en carrera que dan con un piloto en el suelo y es importante saber caer de la mejor manera posible. A veces la moto resbala por una mancha de aceite, otras veces dos motos se tocan en carrera y pierden el control… Menos mal que los circuitos incluyen amplias zonas de hierba y tierra para facilitar que las motos y los pilotos resbalen hasta frenarse suavemente.

32 Instalaciones de un circuito

Además de la pista hay ciertas partes fundamentales en un circuito; los boxes son el lugar donde se sitúan los mecánicos de cada equipo y en las gradas están los espectadores. Además es muy importante que el circuito disponga de una enfermería completísima preparada para atender graves lesiones.

33 A toda velocidad

¡Una moto de la categoría reina puede llegar a rodar en carrera a casi 218 millas (350 km/h)! Por eso las curvas tienen los bordes señalizados para que los pilotos las vean con antelación; también hay «zonas de escape» con gravilla, hierba o arena, que consiguen desacelerar las motos en caso de caída.

34 Moto GP, lo más alto

En el Mundial hay 3 categorías: Moto3, con motos de 250 cc; Moto2, con motos de 600 cc, y MotoGP, también conocida como la «categoría reina», donde compiten motos de hasta 1.000 cc. En MotoGP corren los mejores pilotos y es donde se forjan las leyendas de las dos ruedas.

35 Circuitos míticos

Los circuitos de Assen, Le Mans, Jerez, Mugello y Spa han estado ligados con el Mundial de Motociclismo durante muchísimos años, aunque hay circuitos en países de los 5 continentes. Actualmente se corren 18 carreras y España, con 4, es el país que más organiza.

Los Monster Trucks

36 Auténticos monstruos

Durante la década de 1970 en EE UU surgió la moda de modificar camionetas y dotarlas de potentes motores... Influidos por las carreras de camiones, terminaron levantando las suspensiones también y montando enormes ruedas capaces de subir por encima de casi cualquier cosa. No valían para nada más... ¡pero eran espectaculares!

37 Ruedas especiales

No les bastaba con montar ruedas de 3.11 pies (1.20 metros) de diámetro, como en sus comienzos, así que aumentaron su tamaño hasta un diámetro de... ¡5.5 pies (1.70 metros)! ¡Tan altas como un adulto! Con semejante tamaño necesitaron montar amortiguación militar.

38 Ruedas de récord

Las Firestone Alaska Tundra, las ruedas que lleva montadas el Bigfoot #5, son las más grandes de este tipo de vehículos. ¡Miden nada más y nada menos que 10 pies (3.05 metros)! Provienen de un convoy militar que operaba en la nevada Alaska.

39 Diversión por destruir

Cuando los diseños evolucionaron e incluyeron ruedas inmensas, varios aficionados hicieron vídeos de sus vehículos destrozando autos al pasar por encima de ellos; entonces un empresario pensó que ese podría ser un vistoso espectáculo. No tardó en organizar exhibiciones con un enorme éxito entre el público.

¿SABÍAS QUE...?

Pese a su tamaño, estos monstruos son capaces de acelerar de 0 a 62 millas (100 km/h) en tan solo 3 segundos.

40 Sus inicios

Al principio, los Monster Trucks competían en circuitos llenos de barro en los que el vehículo con mayor potencia y agarre se llevaba la victoria. Eran tan pesados —y la capa de barro tan densa y profunda— que muchas veces se quedaban «atrapados» y tenían que ser retirados por una enorme grúa.

41 Impresionantes

Pese a su gran peso, estos monstruos son capaces de saltar distancias de hasta 115 pies (35 metros) y elevarse unos 26 pies (8 metros) sobre el suelo. Por eso son tan espectaculares: ¡sus potentísimos motores les permiten acelerar de 0 a 62 millas (100 km/h) en casi 3 segundos, y pueden superar las 100 millas (160 km/h)!

42 Campeonatos

La Monster Jam es el campeonato y gira de promoción más importante. Recorre América y gran parte de Europa organizando exhibiciones. La competición, que recibe el nombre de Finales Mundiales, se organiza desde el año 2000.

43 El más largo

Se llama Big Red y es un antiguo camión de bomberos americano de 1937 de 28 pies (8.50 metros) de largo. Se le ha cambiado el motor y adaptado para llevar ruedas de cerca de 5 pies (1.50 metros) de diámetro. Como casi todos los Monster Trucks, no sirve apenas para nada… ¡pero es muy divertido!

Su tamaño es tan descomunal que cuesta hacerse una idea.

44 Las carreras

Poco a poco la disciplina se centró en carreras de dos Monster Trucks que debían escalar obstáculos en su recorrido a lo largo de dos pistas paralelas. También se hacen carreras de velocidad para comprobar su imponente velocidad y potencia.

45 Estilo libre

Esta modalidad es, sin duda, la más espectacular de todas, ya que los pilotos y los Monster Trucks más preparados realizan todo tipo de piruetas y saltan sobre hileras de automóviles, autobuses e ¡incluso aviones!

Circuito Nascar

46 Reina de Norteamérica

La Nascar Sprint Cup Series es la competición automovilista más importante de EE UU. En ella se usan vehículos de fábrica, es decir, idénticos a los que se comercializan, aunque se les realiza una puesta a punto especial para sacar el máximo rendimiento al auto.

47 Equipos

Chevrolet es la marca dominante en la Nascar con más de 30 victorias, y Ford la sigue con 15. Las demás marcas, siempre estadounidenses, han conseguido muchas menos victorias. En 2008 entró al campeonato el primer fabricante extranjero, Toyota, que lucha para cambiar la Historia.

48 Circuitos

Las formas de las pistas son muy curiosas: casi todas son un óvalo y, en las curvas, el exterior de la pista se levanta permitiendo a los autos alcanzar más velocidad. Los circuitos Superspeedways tienen 2 o más millas de longitud y son los más rápidos.

49 Accidentes masivos

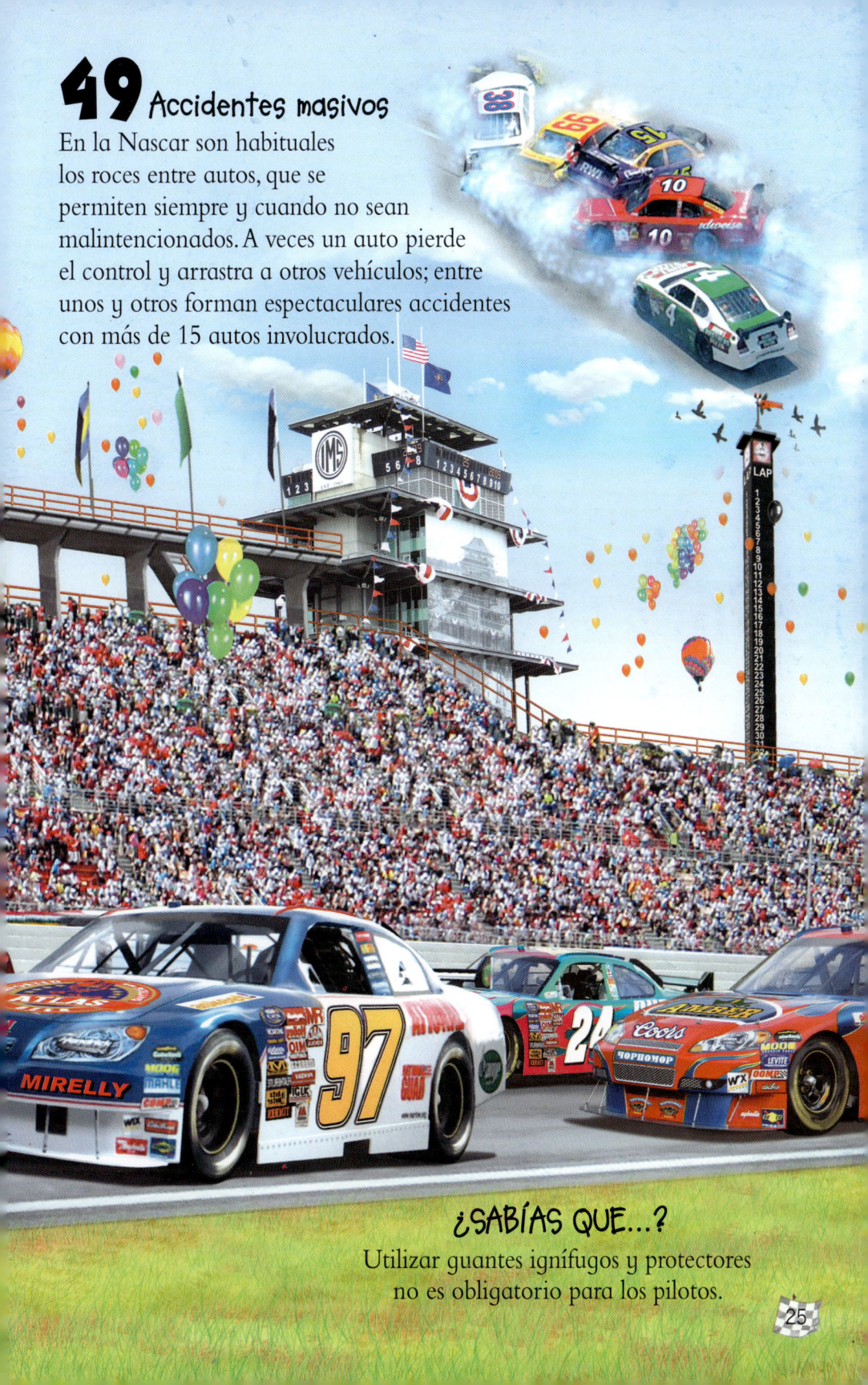

En la Nascar son habituales los roces entre autos, que se permiten siempre y cuando no sean malintencionados. A veces un auto pierde el control y arrastra a otros vehículos; entre unos y otros forman espectaculares accidentes con más de 15 autos involucrados.

¿SABÍAS QUE...?
Utilizar guantes ignífugos y protectores no es obligatorio para los pilotos.

50 Marcar la diferencia

Los autos son tan parecidos en potencia que los pequeños detalles aerodinámicos y de suspensión, especialmente adaptados al tipo de conducción que se desea hacer, son los que consiguen arañar milésimas en cada vuelta y proporcionan la victoria.

51 Equipo mecánico

¡En una prueba se pueden llegar a montar entre 2,000 y 3,500 llantas de rueda entre todos los equipos! Como las curvas son siempre hacia el mismo lado, las llantas del exterior de la curva son diferentes que las del interior y los mecánicos preparan especialmente cada suspensión y cada rueda.

52 Carreras de resistencia

36 carreras, la mayoría de 500 millas (unos 800 kilómetros) que a veces recorren a una velocidad media de casi 186 millas (300 km/h)... ¡Llegando a alcanzar las 208 millas (335 km/h)! Esto quiere decir que los pilotos pasan casi 3 horas subidos a un auto a toda velocidad, muy concentrados y pasando muchísimo calor…

53 Día de carrera

El circuito de Indianápolis tiene 250,000 localidades y un ambientazo tremendo. Cuando se celebra una prueba, en los circuitos suele haber exhibiciones de aviones acrobáticos, globos aerostáticos y una enorme zona promocional de patrocinadores que ofrecen todo tipo de actividades de ocio relacionadas con el mundo del motor.

54 Pilotos de leyenda

El piloto de la Nascar más famoso es Richard Petty, quien, en la década de 1970, dominó absolutamente y pulverizó récords; consiguió 7 títulos, los mismos que Dale Earnhardt en la década de 1990.

55 «Chase», la fase final

Después de 26 carreras, a los 12 primeros clasificados se les asigna 5,000 puntos, más 10 adicionales por cada carrera que hubiesen ganado de las 26 anteriores; a partir de ahí, se juegan el campeonato en las 10 carreras siguientes. ¡La emoción está garantizada!

Las competiciones callejeras son míticas. Seguro que en más de una película antigua has podido ver alguna.

Circuitos de quads

56 Pura diversión
Los quads son vehículos de cuatro ruedas parecidos a las motocicletas, pero capaces de circular por terrenos donde se requiere una conducción más extrema. Potentes y versátiles, son capaces de realizar saltos impresionantes o lanzarse a toda velocidad derrapando por circuitos de tierra.

57 También rápidos
Aunque los quads no están diseñados para correr a gran velocidad, ¡algunos pueden alcanzar hasta 100 millas (160 km/h) por hora en superficies llanas! En Estados Unidos los quads no pueden conducirse en carretera y cada estado tiene sus propias regulaciones para este tipo de vehículos.

58 ¡Que no te aplaste!
Estos vehículos son pesados y pueden llegar a las 1,213 libras (550 kg) de peso. Aunque tienen una gran estabilidad, pueden volcar al realizar algún salto o subir por encima de un obstáculo pronunciado, con el peligro de aplastar al conductor…

59 Emocionantes carreras

Sobre asfalto se dan las competiciones más técnicas porque el control del vehículo es mayor, pero sobre tierra las carreras son más espectaculares: ¡cada curva se toma derrapando y se ven adelantamientos espectaculares y al límite!

60 Seguridad

Las curvas se protegen con especial mimo porque son las zonas con más accidentes y salidas de pista. Generalmente se utilizan torres de neumáticos unidos unos con otros para que no se vengan abajo.

61 Vehículo de recreo

Los quads se incorporan cada vez más en los espectáculos de exhibición de Motocross… pero aún no existe un campeonato profesional.

Carreras de camiones

62 Los indomables

Los camiones son los vehículos más difíciles de manejar en carrera. Con un peso de 12,126 libras (5,500 kg) y 1.200 CV se hace muy difícil controlarlos… Por eso la velocidad está limitada a 100 millas (160 km/h) y, aun así, es todo un reto conducirlos.

Algunos camiones están especialmente adaptados para estas carreras.

63 Consumo enorme

Imagina: un auto normal consume unos 1.856 galones (7 litros) de gasolina cada 62 millas (100 km)… ¡Estos camiones consumen 100! Como no les cabe tanto combustible en los depósitos, las carreras de camiones se reducen a 31 millas (50 km).

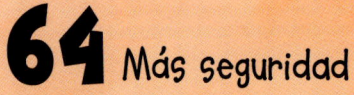

64 Más seguridad

Los pilotos de camiones de carreras están más protegidos que los de otras disciplinas del mundo del motor porque las cabinas están muy bien aseguradas y la velocidad es menor. Aun así, debido al gran peso y a su inercia, se deben tomar las medidas adecuadas en los circuitos.

65 Cambios en carrera

Durante la carrera el agua de los depósitos de refrigeración se va evaporando y el combustible se consume, así como los neumáticos, que casi se desintegran. Esto hace que durante la carrera el peso del camión disminuya en unas 660 libras (300 kg) y que haya que adaptar la conducción en consonancia.

66 La competición

El Campeonato de Europa de Camiones es la competición que la FIA (Federación Internacional de Automovilismo) organiza cada año. Actualmente consta de 11 pruebas que se celebran por toda Europa… ¡Y hay quien dice que son aún más espectaculares que las de Fórmula 1!

Motos de campo

67 Múltiples modalidades

Hay un grupo de competiciones diferentes, a cada cual más espectacular, que tienen en común el tipo de vehículo utilizado, la moto de campo: de gran potencia, preparada para terrenos de barro y campo y dotadas de una gran ligereza y maniobrabilidad.

68 La primera

La especialidad pionera es el Motocross: las carreras se llevan a cabo en circuitos embarrados llenos de saltos, baches, curvas cerradísimas y zonas de agua, que suelen estar en emplazamientos naturales. Es la disciplina que mejor combina velocidad y destreza.

69 Supercross

Esta especialidad se parece al Motocross, pero tiene rampas y obstáculos más grandes, por lo que los saltos en carrera son mucho más sorprendentes… ¡y también peligrosos! Las pistas suelen montarse en estadios y está orientada a un público más general por su espectacularidad.

70 ¡Freestyle!

Esta disciplina es la favorita del público en general, y en los últimos tiempos se han multiplicado los eventos. Se considera deporte extremo: consiste en realizar saltos acrobáticos… ¡a veces de más de 130 pies (40 metros) de altura! X-fighters es el nombre del campeonato internacional más importante de esta especialidad.

71 Arenacross y Supermotard

El Arenacross es similar al Supercross, pero se usan motos más pequeñas y ruedas con un diámetro menor. El Supermotard es una impresionante disciplina en cuyos circuitos (con un 70 % de asfalto y un 30 % de tierra) se combinan la velocidad y la pericia en tierra.

72 Cross Enduro

Es una variante con pruebas largas, ¡a veces de más de 4 horas de duración! El Campeonato del Mundo de Enduro Extremo organiza carreras de unas 62 millas (100 km) por zonas naturales de máxima dificultad. Son como los rallies del mundo del Motocross.

73 Trial

Es, probablemente, la más técnica de las categorías. Consiste en atravesar obstáculos enormes y complicados, como un montón de árboles apilados o una formación rocosa, pero sin usar rampas que permitan saltar por encima. Se emplean motos más ligeras y sin sillín, ya que hay que avanzar manteniendo el equilibrio y sin tocar el suelo con ninguna parte del cuerpo. ¡En España hay muchísimos especialistas!

74 Marcar la diferencia

En las disciplinas de carrera la forma física es tanto o más importante que la pericia de los pilotos. En cada salto y cada bache los conductores sufren un gran desgaste en la musculatura de todo el cuerpo, en especial de los brazos, y tras las primeras vueltas solo los mejor preparados pueden aguantar un ritmo alto de carrera. La forma física es esencial.

75 Más vale prevenir...

Las medidas de seguridad en este tipo de eventos es algo muy delicado porque, si bien no se alcanzan altísimas velocidades, se pueden dar accidentes fortuitos tras un salto o un bache mal tomado que pueden involucrar a varias motos al mismo tiempo. Proteger cabeza, pies, manos, hombros, rodillas y codos es fundamental.

¿SABÍAS QUE...?
En Trial las ruedas se desinflan un poco para ganar estabilidad.

Circuitos de 4x4

76 Hasta el fin del mundo

Los vehículos todoterreno son los elegidos para las expediciones más exigentes a lugares remotos… pero tienen también sus propios circuitos especializados donde poner a prueba a pilotos y máquinas.

77 Tracción total

Los 4x4 tienen tracción a las cuatro ruedas; esto quiere decir que cuando aceleran todas las ruedas giran con fuerza haciendo más fácil la conducción incluso si alguna rueda se queda en el aire.

78 Circuitos a medida

Como los 4x4 están diseñados para atravesar zonas de obstáculos, los circuitos están llenos de ellos. Los todoterreno se enfrentan a un trazado plagado de baches profundos y pendientes inclinadísimas que tienen que subir y bajar.

79 Vehículos modificados

La carrocería de cada todoterreno de competición en circuito se modifica para ganar ligereza y velocidad. Se recortan los guardabarros y se prescinde de parachoques y de otros elementos, que son útiles durante expediciones pero no en carrera.

¿SABÍAS QUE...?
La entrada de aire del motor suele situarse en una «chimenea» encima de la cabina para evitar que entre agua.

80 Neumáticos adaptados

Los 4x4 usan ruedas especialmente diseñadas para tener un agarre excelente en el barro y una buena adherencia en las rocas.

81 Raids

Son las carreras de varios días en las que cada etapa es de cientos de millas... ¡fuera de caminos! Normalmente los 4x4 cruzan desiertos o estepas inhóspitas bajo altísimas temperaturas y atravesando lugares realmente complicados.

82 Cuidado con las averías

No es raro que un 4x4 se dañe porque los trazados ponen al todoterreno al límite. También pueden volcar en una pendiente o quedar atrapados en el barro. A veces la zona es inaccesible para una grúa y entonces… ¡hay que sacar los autos a mano!

83 Poco público

Excepto algunos famosos Raids como el Dakar, las pruebas de 4x4 no tienen mucha difusión y a los campeonatos no asiste demasiado público… aunque siempre resulta un espectáculo sorprendente ver de lo que son capaces estos vehículos.

Los circuitos se preparan en pistas dobles llenas de obstáculos.

Powerboats

84 Bólidos acuáticos

Los Powerboats son embarcaciones hechas para la velocidad: cuentan con motores potentísimos que les proporcionan unas aceleraciones endemoniadamente rápidas. «Los F1», llamados así por su equivalencia con la Fórmula 1, ¡pueden pasar de 0 a 62 millas (100 km/h) en apenas 2 segundos!

85 Diferentes divisiones

Desde los pequeños modelos, para pilotos de 9 a 16 años, que compiten a velocidades de 50 millas (80 km/h), hasta los imponentes Class 1, existen muchas categorías. El Campeonato del Mundo de Powerboats, conocido como F1H2O, es la prueba en circuito más espectacular.

86 F1 Powerboats

Gracias a su potente motor, estos Powerboats despliegan unas velocidades cercanas a las 155 millas (250 km/h). Además, gracias a su poco peso, presumen de elasticidad en carrera tomando curvas vertiginosamente.

¿SABÍAS QUE...?

Mientras navegan a toda velocidad solo una pequeña parte del barco está en contacto con el agua; el resto se levanta por encima.

87 Class 1

Muchos opinan que este es el verdadero pura sangre. Los Class 1 son las embarcaciones de velocidad más grandes. Miden unos 46 pies (14 metros) de largo y sus competiciones se realizan en mar abierto, cerca de la costa.

88 Dos pilotos

Son necesarias dos personas para gobernar los Class 1. Uno maneja la dirección del Powerboat y el otro se encarga de controlar los mandos que mantienen la embarcación plana y pegada al agua. ¡La coordinación es fundamental!

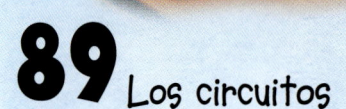

89 Los circuitos

Para señalizar el curso del circuito se sitúan balizas flotantes de colores a lo largo de todo el recorrido. Un circuito mide entre 984 y 1,312 pies (300 y 400 metros) de longitud y los pilotos dan vueltas durante casi 1 hora de carrera.

90 Seguridad, fundamental

La mayoría de los circuitos se ubican generalmente en lagos o bahías protegidas donde hay escaso o nulo oleaje. A tan altas velocidades las grandes olas podrían convertirse en trampolines y ocasionar graves accidentes.

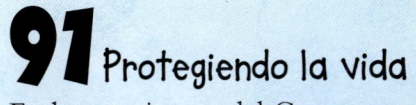

91 Protegiendo la vida

En los comienzos del Campeonato del Mundo, a finales de la década de 1980, los pilotos ni siquiera llevaban cinturón de seguridad. Ahora, en caso de accidente, la cabina se desacopla de la embarcación, tienen airbags que la mantienen a flote y los pilotos llevan cascos que protegen su cabeza y su columna vertebral.

92 Gran entrenamiento

Los pilotos deben pasar un examen donde demuestran su buena forma física. Una de las pruebas que tienen que superar es la de salir y escapar a tiempo de la cabina de un barco mientras está sumergido en el agua.

Regatas de vela

93 Vela ligera

Los barcos de vela ligera tienen poca envergadura y compiten en recorridos marcados por balizas. Tras la carrera, los barcos descansan fuera del agua.

94 Vela de crucero

Aunque también navegan en pruebas balizadas, suelen competir en carreras de puerto a puerto, donde no hay una ruta rígida establecida más allá de las coordenadas del destino. Cuando atraviesan varios mares u océanos, la regata se denomina «transoceánica».

95 Copa América

Es la más importante de las regatas y cada ocasión se celebra en una sede diferente. Se dice que es el tercer evento deportivo de mayor impacto económico para un país, justo tras los Juegos Olímpicos y el Mundial de Fútbol.

¿SABÍAS QUE...?

En la Barcelona World Race los barcos pasan ¡más de 100 días sin parar en puerto!

96 Regatas míticas

Hay otras regatas que se han hecho con un hueco en el calendario mundial: la Barcelona World Race, por ejemplo, o la Volvo Ocean Race ¡son pruebas que dan la vuelta al mundo!

97 El más vistoso

Las regatas de catamaranes son muy bonitas de ver. El catamarán tiene dos cascos que le ofrecen una estabilidad envidiable, pero es capaz de navegar muy rápido usando tan solo un casco para sostenerse.

98 Mantenimiento día a día

Es importantísimo cuidar al máximo las embarcaciones para garantizar su durabilidad. Existen multitud de cabos (cuerdas) y poleas que siempre tienen que ofrecer el máximo rendimiento. Otra cosa importante es mantener limpias las velas para que pesen lo menos posible.

99 Múltiples categorías

En vela compiten muchos tipos de barcos diferentes, desde enormes y caros yates tripulados por más de 10 personas hasta otras minúsculas embarcaciones como los Optimist, que son barquitos baratos del tamaño de una bañera ancha y con una sola vela.

100 Instrumentos de navegación

En las regatas transoceánicas se ha hecho fundamental el uso de instrumentos digitales como el GPS, pero en los comienzos de estas competiciones aún no existían… ¡Había que cruzar el océano con las cartas de navegación e instrumentos tradicionales como el sextante!

101 Los Juegos Olímpicos

Actualmente existen 8 categorías diferentes que compiten en los Juegos Olímpicos y ninguna es transoceánica. Las más conocidas son las de las embarcaciones 470 y 49er; esta última además es una categoría mixta.

Índice

A
Accidente 8, 10, 15, 16, 18, 25, 29, 35, 43
Acrobático 27, 33
Adelantamiento 29
Aerodinámico 11, 16, 26
Airbag 43
Alfa Romeo 11
Alonso, Fernando 11
Arenacross 34

B
Balizas flotantes 42
Bandera 10
Barcelona World Race 45, 46
Barras antivuelco 15
Big Red 23
Bigfoot #5 20
Boxes 10, 18

C
Camión 20, 23, 30, 31
Camioneta 20
Campeonato del Mundo de Enduro Extremo 34
Campeonato del Mundo de Fórmula 1 9
Campeonato del Mundo de Motociclismo 16
Campeonato del Mundo de Powerboats 40, 43
Campeonato del Mundo de Rally 12, 14
Catamarán 46
Chase 27
Chevrolet 24
Ciclismo 6
Circuito 4x4 36-39
Circuito de Indianápolis 27
Circuito de Le Mans 19
Circuito Nascar 24, 25, 27
Citröen 15

Class 1 40, 42
Combustible 30, 31
Copa América 45

E
Escudería 11
Estilo libre 23
Exhibición 7, 21, 22, 27-29
Extremo 33

F
F1H2O 40
F1 Powerboats 41
Ferrari 11
FIA 31
Finales Mundiales 22
Fittipaldi 11
Fórmula 1 7, 8, 10-12, 31, 40, 41
Fórmula 3 7

G
GP2 7
Gradas 10, 18
Gran Premio 9, 10

J
Juegos Olímpicos 45, 47

L
Llantas 26
Loeb, Sébastien 15

M
Maserati 11
Monster Jam 22
Monster Trucks 20, 22, 23
Moto2 19
Moto3 19
Motociclismo 16, 17, 19
Motocross 29, 32, 34
MotoGP 19

N
Nascar Sprint Cup Series 24

P
París-Dakar 14, 39
Petty, Richard 27
Piloto 6, 7, 11-13, 15-19, 25-27, 30, 35, 36, 40, 42, 43
Powerboats 40-42

Q
Quads 28, 29

R
Raids 38, 39
Rally 12, 14, 15, 34
Regata 44-47
Renault 7, 11, 15

S
Schumacher 11
Supercross 32, 34
Supermotard 34
Superspeedways 24
Suspensiones 20

T
Todoterreno 36-39
Toyota 15, 24
Trial 34, 35

V
Vela de crucero 44
Vela ligera 44
Volvo Ocean Race 46

X
X-fighters 33

Z
Zonas de escape 19